Versos Curtos

MARCOS JOSÉ DO NASCIMENTO

APRESENTAÇÃO

Este livro nasceu de uma conversa com Cavalcanti, José Maria Cavalcanti, amigo dos tempos da Escola de Especialistas de Aeronáutica, que cursamos entre os anos de 1979 e 1981, 175ª Turma.

Cavalcanti detém-se na análise literária dos textos, ele que também escreve suas poesias e crônicas, mas como quem conhece música e sabe perceber as nuances dos arranjos, das melodias, ele, que é formado em Letras pela Universidade Federal do Rio Grande do Norte, detém-se a ver ângulos que, para quem normalmente escreve de modo espontâneo, é uma ação também espontânea e natural, um transbordamento da alma e do momento dessa alma passado para o papel.

Vale sempre a pena conversar com ele, ouvir-lhe as opiniões analíticas, para entender o que há trás de cada texto escrito, o que vai na alma do autor e que sempre brota de modo subconsciente.

Sempre relembramos, em todo o livro de poesias que escrevermos a figura da Professora Ivone, de quem fomos alunos no ano de 1977, no então Colégio Municipal Marechal Castelo Branco, hoje Escola Municipal Professora Olga Teixeira de Oliveira, à época Diretora da Instituição de Ensino, nossa lembrança é uma forma de gratidão por haver-nos estimulado e insistido em um dia publicar as poesias em forma de livro, afirmando-nos que a poesia iria suavizar nossos passos pela vida.

Ela acertou com muita segurança quando assim

afirmou.que a poesia iria constituir-se, entre outras coisas, numa forma de tornar os dias mais leves, mesmo os que porventura mostrassem-se mais difíceis de encarar, de passar por eles.

Vale também evocar a recordação do Professor Hélio, do Galpão de ADM da EEAer, no convívio com a 175ª Turma da Especialidade.

Sua cultura e, ao mesmo tempo, sua simplicidade e maneira objetiva, clara de ensinar cativou-nos a nós, em especial os cultivadores das letras.

Analisava os textos que produzíamos e confessava ele que, mesmo conhecedor das técnicas da arte poética, sentia-se incapaz de escrever um verso sequer, pois, na sua opinião, esta inclinação artística da arte escrita constituia-se num dom.

Este livro reúne poesias curtas, de poucas linhas, desde a adolescência, que vêm falar-nos do nosso cotidiano, da nossa condição humana pequena e frágil, de tudo que nos cerca por dentro e por for a de nós, como, por exemplo, um dos primeiros versos adolescentss neste estilo:

A vida vou vivendo,

Vivendo vou sonhando,

Sonhando vou me esquecendo

Da vida que vou levando.

VOZ DA VERDADE

Ouça a voz da verdade,

Que a experiência diz:

Para ter-se felicidade

É preciso fazer alguém feliz.

VIDA, SONHO

A vida vou vivendo,

Vivendo vou sonhando.

Sonhando vou me esquecendo

Da vida que vou levando.

O BEM, O AMOR

Plante o bem,

O bem é como a flor,

Que faz do mal seus espinhos,

Para que dure o amor.

CADA PORTA

Cada esperança morta,

Um sonho esquecido.

Por trás de cada porta,

Um caminho desconhecido.

AO SUICIDA

Conselho dou-te, meu camarada,

Sei que o seguirás:

Se vivo não vales nada,

Morto, quanto valerás?

ONDE

"Onde estás que não respondes?"

Por que, ao invés de aparecer,

Tu te escondes?

Eu pergunto, mas tu não respondes.

Onde estás e por que te escondes?

DE QUE ME VALE

De que me vale saber mil

Palavras bonitas.

Se quando falo, ninguém ouve;

E quando ouve, ninguém acredita.

AS MULHERES

As mulheres, com seus olhares sorrateiros,

Pedem amor, casamento,

Depois que casam, pedem dinheiro.

JAMAIS

Jamais direi a alguém: te amo.

Porque se mil vezes o disser.

Mil vezes descobrirei que foi engano.

UM SONHO

Tudo era apenas um sonho

Que o tempo apagou,

E a brisa levou.

Foi um sonho, que jamais

Alguém sonhou.

O DESTINO

O destino e os caminhos pedregosos

Destróem a tudo, a todas as esperanças.

O destino e a sua crueldade destroem

Dentro do homem a adormecida criança.

MULHER

Mulher,

Certa vez roubaste-me a fé.

Colocaste-me aos teus pés.

E agora, no entanto, o que és?

És uma lembrança,

Mulher.

O PERFUME

Paira no ar o seu perfume,

Que me parece a esperança.

Guardo na memória aquele instante,

Aquele adeus, que me perseguem na lembrança.

FLORES

No meu caminho,

Encontrei várias flores.

Flores que traziam espinhos,

Espinhos que traziam dores.

SEGREDO

Hoje descobri que guardavas,

Com medo, um segredo.

Um segredo que te torturava.

Hoje descobri que tu me amavas.

ABENÇOAI

Abençoai

A vida, ainda que sofrida

E amargurada.

Abençoai o sofrimento,

Ninguém sofre por nada.

RECEITA

Conservai o coração
Livre do ódio e do rancor.
Ponde nele algo de bom,
Enchei-o de amor.

MUNDO NOSSO

Neste mundo,
Neste mundo nosso...
Eu queria dizer: te amo.
Sinto muito, mas não posso.

VIDA

A vida é um mistério infindo,
Quando defino vida,
Não me acredite,
Estou mentindo.

SABEDORIA

Se um dia me fosse dado
Pleno poder do bom senso,
Pensaria mais no que falo,
E jamais diria o que penso.

DILEMA

Tarefa penosa é essa

Que me impõe o destino.

O menino sonhando ser homem,

E o homem chorando por não

Poder ser menino.

HOMEM/CRIANÇA

Deus criou o homem

À Sua imagem e semelhança.

E antes de fazê-lo homem,

Ele o fez criança.

MEDO CRIANÇA

O futuro soa-me como

Um quarto escuro.

Encerra em si um mistério,

Traz o que eu sempre quis

E o que eu menos espero.

CORPO, ALMA

Uma onda de paz

Invadiu-me a alma.

O corpo tem pressa,

Mas ela pede: calma.

NÓS, ELES

E seremos aqueles que,

Não podendo ser nós mesmos,

Seremos eles.

O POETA E A DOR

Poeta nem sempre é fingidor,

Poeta, às vezes, sente, sente uma dor,

Que, às vezes, finge que não sente.

O SÁBIO

Certa vez, falou-me um sábio:

"O homem é bicho louco,

Quando tem muito, diz que é pouco.

Quando tem pouco, diz que nada tem.

O homem é louco e como ele não há ninguém".

MULHERES

Quero ver Rosas, Marias, Madalenas

Florirem em meu coração.

Que venham mil de cada uma,

Para que a cada uma,

Eu oferte uma canção.

CORAÇÃO NOBRE

E direis, por certo, ser triste

Dar amor a quem não vos ama.

Eu vos direi, contudo, o coração nobre

Não pede, só dá, e muitas vezes ele se engana.

TODOS OS SONHOS

De todos sonhos e ânsias,

Manteria acesa a chama.

A vida me chicoteia e mal

Sabe ela, toda gente se engana.

TEUS OLHOS

Teus olhos...

Teus segredos...

Teus dois olhos

E meus infinitos medos.

A VIDA

Se a vida fosse um doce.

Fosse onde fosse,

Eu não seria amargo

E nem falaria as tristezas que trago.

MEU AMOR

O meu amor se foi,

E eu sofro muito.

Mas o que fazer?

Eu sou poeta

E não tenho outro assunto.

FELICIDADE

Quem quiser ser feliz

E a felicidade não alcançar,

Não diga: eu não a quis.

HOJE

Multiplicam-se os templos,

Escasseiam-se os exemplos.

Palavras sem ação,

Palavras ao vento.

MINHA PRIMAVERA

Primavera de minha vida,

Eu a esperava florida.

E, mal sabia, havia plantado

Espinhos em outras vidas.

MEU MAL

Mal que eu plantei.

Mal que eu colhi.

Mal que me visitou

E eu mal o recebi.

ATÉ

Até quando e onde valerá

Ter uma opinião?

Antes silenciarmos a voz,

Expulsando de nós

O fantasma da solidão.

O MEU AMOR

O meu amor não voltará,

Nunca mais sofrerei muito.

Continuarei poeta,

Só inventarei outro assunto.

DEZ GRAÇAS

Maria das dez graças,

Uma delas é o seu sorriso.

Todas as quero,

De todas eu preciso.

ROSAS DO JARDIM

Entre rosas do jardim,

Vi você perdida,

Num canto esquecida.

E pensei: quero essa rosa

Pra mim.

O HOMEM

A mim importava bem mais decência.

O homem inventou teorias,

Criou ciências,

E jamais, em tempo algum,

Foi feliz um dia.

A CHUVA

Vê, ela que chega, a chuva.

Vem molhar a terra, benzer o chão,

Lavar a natureza, dar vida à plantação.

A TRISTEZA

E quando eu for um dia,

Sombra de uma alegria.

Restar-me-á a certeza

De que quem amou

Nesta vida foi a tristeza.

VERSO PORTUGUÊS

Você poderia me amar e me

Perguntar: por que há tanto mar?

E eu jamais diria se a amo,

Porque é mais do que preciso navegar.

HUMANIDADE CARENTE

A humanidade é carente,

Mas se ressente.

Tem medo e, por isso,

Prefere guardar-se em segredo.

AVENTURA PROIBIDA

Amor,

Sonho ou aventura proibida.

Alegria que dura minutos,

Pranto que se carrega o resto da vida.

UM SORRISO

Guardei-te uma flor e um sorriso.

Disseste-me: é mais o que preciso,

Quero o teu amor.

FELICIDADE

Felicidade,

Mulher louca que me causou espanto.

Procurei-a tanto,

E quanto mais a procurava,

Mais forte rolava a água do meu pranto.

SAÚDE

Com mulher que fuma,

Não quero coisa alguma.

Preconceito?

Não, é que amo mais o meu peito.

MEDO

Quem já sonhou uma vez,

Sofreu e perdeu a sua paz,

Não quer sonhar outra vez,

Duas é demais.

O ENGANO

Quando se ama e se engana,

Corre-se o perigo

De transformar o objeto do

Amor em inimigo.

HUMILDADE

Por todo o bem que faças,

Oculta o teu rosto.

Simplesmente faze e passa.

ELES

Cuidado!

Se tramam em segredo,

Olha tuas mãos,

Pode ser que eles te contem os dedos.

RECADO

Exercita sempre a tua paciência,

Renova o teu andar,

Não te detenhas no caminhar.

Age, mas antes pensa.

HUMILDADE

Senhor,

Calai-me a voz,

Sempre que ela quiser dizer eu.

Sempre me lembrai,

Senhor,

De dizer vós.

VIVER

Viver,

Eis um grande mistério.

Corre-se tanto,

E o mais longe onde se

Pode ir é ao cemitério.

AH! JESUS

Ah! Jesus,

Por que os pés no chão pus?

Desde que abri os olhos,

Sinto falta de luz.

O POBRE

Por que, em se casando o pobre,

Quer ele, a todo custo,

Mesmo que sem os cobres,

Vestir-se e parecer-se com um nobre?

UMA VERDADE

Conte-me uma verdade,

Desde que ela não me fira,

E se assim não for verdade,

Diga-me uma mentira.

SOLIDÃO

Solidão maior experimenta

Toda alma que na vida caminha,

Acompanhada de outras almas

E se sente sozinha.

SHEILA

Ei-la que chega,

Nem bem sentou,

Já saiu.

Você não viu?

Era Sheila.

ESPÉCIE HUMANA

A espécie humana é assim:

Quanto mais se multiplica,

Mais se complica.

OS HOMENS

Quisera entender porque tanto

Brigam os homens, porque tramam.

Simplesmente porque não amam.

AMOR

Tem sempre cuidado.

Amor que muito entontece

Some logo depois que aparece.

Parece amor, mas só parece.

SÓ

Enquanto a sociedade

Vive na saciedade.

Eu vivo só na cidade.

O AMOR

Quando o amor se manifesta

É como uma luz que entra pela fresta.

E depois da porta aberta,

O ambiente iluminado,

Tudo é festa.

NENHUM HOMEM

Nenhum homem é livre,

Sendo imperfeito.

Todo homem é escravo

De seus defeitos.

MEDO

Para ser sincero, eu não quero.

Pois bem reconheço,

O que vem após,

É o que eu menos espero.

MULHERES DE ATENAS

Que saudades das

Mulheres de Atenas.

Pois que as de hoje

São mulheres, apenas.

FÓRMULA MÁGICA

A fórmula mágica da libertação: ação.

Toda dor dilui-se no exercício do amor.

HOMEM MODERNO

Nada mudou na condição

Do homem moderno.

Tanto ontem como hoje,

Ele vive entre o céu e o inferno.

ESSÊNCIA DA VERDADE

A essência da verdade não

A busco, já a tenho,

E ninguém me tira.

Toda verdade é uma mentira.

EROS

Para ser sincero,

Não dê ouvido a Eros.

E se ele insistir, diga-lhe:

Não quero.

VOLTO A PARNAMIRIM

Volto a Parnamirim

E nada me consola.

Quem dera em cada esquina

Houvesse uma bela menina,

Em lugar de um quebra-molas.

SEREMOS HUMILDES

Há que sermos humildes,

Mas tão humildes que nunca,

Em momento algum da vida,

Buscaremos qualquer forma de revide.

QUAL ESTRELA

Em qual estrela do firmamento,

Eu irei chorar o arrependimento

De ter descido a esta terra de padecimentos.

SOBREVIVÊNCIA

Capítulo triste de nossa existência.

Quem explicará? Qual ciência?

Porque nos matamos pela nossa sobrevivência.

ACERCA DE MIM

Acerca de mim mesmo,

Eu não me engano.

O egoísmo jaz em mim soberano.

Eu sou vassalo;

Ele, meu suserano.

MOEDA FRIA

Mais importante que a moeda fria,

Dada a distância,

É a conversa amiga,

Em que se ensina a esperança.

TENHO FOME

Sim, tenho fome,

Não nego.

E só Deus e eu sabemos

O estômago que carrego.

SALÁRIO

Salário,

Preço amargo da sobrevivência.

Só não mais amargo

Que a miséria e a indigência.

O PECADO E O PERDÃO

Nada em a natureza está errado.

Deus criou o perdão,

Depois de o homem ter inventado

O pecado.

UMA MULHER

Basta surgir uma bela mulher,

E fora como se algo inusitado

Que aconteceu.

E todos os olhares viram-se

Para ela, inclusive o meu.

O DESTINO

O destino,

a quem adjetivei certa vez

de ingrato,

replicou-me não ter outro jeito,

que só terei de fato,

o que for de direito.

OS HOMENS

Os homens,

Às vezes,

Esquecem-se de que

São homens,

E pensam que são deuses.

AMOR

Amor que não renuncia

Não é amor.

Ainda vai ser amor um dia.

NÓS

Todos nós somos

Grandes na morte.

E quisera, em vida,

Houvéssemos tido igual sorte.

ARMALDILHA

Creio que o amor

É uma armadilha.

Mas por que quando

Ela olha para mim,

Meu olhar brilha?

EQUILÍBRIO

Quem sempre quer algo mais,

Nunca vive em paz.

Mas, Senhor,

Livra-me da paz dos ociosos

E da saciedade dos gananciosos.

AH! SE EU SOUBESSE

Ah! Se eu soubesse...

E sempre haverá muito por saber,

Que eu sempre vou dizer:

Ah! Se eu soubesse...

Ah! Se eu soubesse...

RETORNO

É preciso reinventar o pudor.

Aumentar as medidas,

Esconder as curvas,

Pois que são tantas graças a passar,

E minha mente vai ficando turva.

TEUS CARINHOS

Quem pagará pelos

Carinhos que tu me dás?

Pois que em tuas mãos,

Em meio aos teus afagos,

Sou criança e tenho novamente a paz.

GRANDE

Grande é Deus,

Que habita os cimos do universo,

Pois diante Dele, sempre peço:

Compadecei-vos, Senhor,

De mim, que sou assim meio humano

E sempre me sobra um engano.

HOMEM E MULHER

Penso que esse romantismo

De tempos imorredouros nunca existiu,

Mães e filhas sempre tramaram.

E os homens, por mais que me tentem

Provar o contrário, estes também nunca amaram.

MINERVA

Quem decidirá, então,

Quando o coração disser sim,

E a razão disser não?

TRÊS MARIAS

Três Marias invadiram um dia,

Sem permissão, o meu coração,

Fazendo-o em festa desde então,

Uma Maria das Graças, outra Maria
De Fátima e outra Maria da Conceição.

CARTAS

Escrevi cartas,

Umas para Maria,

Outras para Joana,

Nenhuma para Elizabete,

Pois não me respondeu nenhuma,

E eu lhe escrevi mais de sete.

AMADURECER

Quando assomou à porta,

O peso da idade,

Sumiu do rosto aquele

Sorriso ingênuo de felicidade.

AS LOURAS

Adoro as louras,

Que me desculpem as morenas.

Ah! As louras...

Só não as oxigenadas,

Pois que mulher é como bebida,

Não serve, se falsificada.

DESILUSÃO

Dizem que ele amou,

Mas que, logo a seguir,

Se decepcionou, se desesperou

E desistiu.

Contam que, desde então,

Ele não viu mais o amor,

E nem o amor o viu.

RAZÃO

Por que me torturar,

Sonhar, e procurar outros

Braços, onde os meus não podem estar?

ELA

Sei, ela dorme noites insones.

Tão triste, tão vazia.

Sua alma não é sua,

E os seus braços são de outros homens.

NINGUÉM

Ninguém é ruim na essência.

E toda alma que erra,

O faz porque não ama

Ou porque não pensa.

QUERO ESSA MULHER

Quero essa mulher.

Ai, Meu Deus,

Espanta-me a ausência de

Temores meus.

Quero essa mulher.

Ai, Meu Deus,

Ela também me quer.

TIVE UMA NAMORADA

Tive uma namorada.

Se pudesse, teria tido trezentas.

Só não tive porque meu peito não aguenta.

ÊXITO DE ALGUNS

Contam-se os êxitos de alguns homens

Pelos anéis que lhes adornam os dedos,

Pelos carros novos que exibem.

E não se desvenda que a maioria deles

Tem a infelicidade por segredo.

CIÚME

Sabe quando percebi

O quanto a queria?

Quando senti ciúme de

Seu sorriso que não foi

Para mim, pois eu queria

Ser dono da sua alegria.

O AMOR E EU

A um seu leve rocio, sorrio.

Mas sei, guardo em mim um receio.

O amor é tão bonito,

E eu amo tão feio.

EU NÃO AMO

Eu não amo,

Apenas desejo sofregamente.

E quando te tenho, sinto que és apenas

Um brinquedo me faz contente.

ESSES HOMENS

Muito me admira esses

Homens cheios de pretenso saber,

Sempre iracundos.

Não querendo transformar-se

E querendo transformar o mundo.

NÃO BASTA

Não,

Não basta saber que

Tu me amas.

Antes é necessário saber

Quem tu és

E porque me chamas.

POLITEÍSMO

Indaguei de Netuno,

Deus dos mares,

De Baco,

Deus dos bares,

Por que há mares?

Por que há luares?

SANTA

Ah! Minha Nossa Senhora,

Por que a humanidade,

Ora ri, ora chora?

PROLETÁRIOS/BURGUESES

Por que Deus permite,

Às vezes, que uns nasçam

Proletários e outros burgueses?

BENS E MALES

Homem,

Por mais que enumeres,

Por mais que fales,

Para ajuntar bens,

Quantos não terão sido os

Teus males?

SER SANTO

Eu quisera ser santo,

Mas só entre os santos,

Não com os pecadores,

Posto que o preço de tal

Situação seriam muitas dores.

VELHO

É velho,

Mas é meu.

Perto dele,

Velho sou eu.

BURGUÊS

O burguês, safado,

Atravessou o sinal fechado.

Era cedo.

Para quem tem dinheiro,

Não precisa ter respeito ou medo.

ESTE ANSEIO

Se a solidão segue-te os passos,

Não clames por um amor,

Este anseio que inflama o ser,

Esquece,

Pois o perigo não é Deus dar o

Que sonhas, mas aquilo que mereces.

OS DEFEITOS

O amor não vê os defeitos,

Ou ainda que os veja,

Prefere ignorar.

O amor só quer amar.

HOMENS RICOS

Contam-se nos dedos das mãos

Os homens ricos deste país,

Que foram pobres e enriqueceram

Por via do trabalho honesto.

E Deus sabe quanto resto.

BELEZA HUMANA

Conquanto brilhe, fascine.

A beleza humana,

O mais das vezes,

Trai, engana.

A PROPAGANDA

A propaganda que a

minha cobiça vem atiçar,

Mostra-me bens que jamais

Poderei comprar,

E mulheres que jamais poderei amar.

TUDO

Tudo é bom.

Tudo se aproveita.

Mesmo aquilo que fere

E machuca, e a gente rejeita.

AMOR PERFEITO

O amor perfeito

É aquele confessado

Timidamente, sem jeito.

O amor perfeito

Só o conhece quem o sente.

RECEITA

Expulsa do teu peito esta revolta,

Esquece o que te machuca,

O passado não volta.

Recolhe tuas lembranças,

Guarda-as com carinho,

Elas te perfumarão o caminho.

A VIDA

A vida é um mistério infindo.

Quando defino vida,

Não me acredite,

Estou mentindo.

UM FUTURO

Quero crer, por Deus, no futuro,

Mas quando saio à procura de luz,

Vejo que o mundo é escuro.

ALGUÉM

Alguém por certo há de vir

E me fazer sorrir.

Não me fará intriga

E dia a dia se fará

Sempre mais amiga.

SAUDADE NAS PALAVRAS

Tenho saudade que procuro

Ocultar nas palavras que digo.

Porque sei que, na verdade,

Sinto falta de amigos.

VIDA

Uma alegria...

Uma tristeza...

A barca que segue em frente...

Os dias passando, a idade...

UM BEIJO

Como se um beijo bastasse,

Atrás de um beijo, um desejo;

Atrás de um desejo, um desastre.

VIDA

Hoje, um sorriso;

Amanhã, uma lágrima.

A vida, um livro;

Um dia, uma página.

ALGO

Algo por fazer eu deixei.

Morou um sonho em mim,

E eu o matei.

Vive presente a tristeza,

Lamento toda esta incerteza,

Não amei.

CRIADOR

Por que haveria o Criador

De criar a dor?

Eu, que sou sofredor,

Cansei de sofrer dor.

MAIS OU MENOS

A gente vive entre

a tristeza e alegria.

E mal sabe, quando decorridas

As vinte e quatro horas,

Se viveu mais ou menos um dia.

CHAMAMENTO

Senhor,

Um chamamento que muito

Me faria feliz,

Se eu ao menos pudesse

Mandar no meu nariz.

CULPAS

Culpas, culpas grandes,

Culpas pequenas.

E a alma cansada do erro

Indaga-se em certo ponto

Da estrada:

Até que ponto errar vale a pena?

A MULHER E A BOLSA

Meu filho,

Preste atenção,

E o que vou dizer,

Com muita atenção ouça:

Nada causa mais mistério

Do que uma mulher e a sua bolsa.

ARIEL

Toda mulher bonita

É como Ariel

Parece que veio do Céu,

Que só deita mel,

E que dali nunca vem fel.

O CRIADOR

Eu vejo o Criador

Em cada uma das

Suas criaturas.

Da mais rude à mais pura.

SÃO JOSÉ

Homi,

Seu menino,

Me explique esse negócio,

Esse tal de equinócio.

Homi,

Tenha fé,

É dia de São José.

NESTA TERRA

Sob este sol

Sob esta lua

Nesta Terra

Todo mundo que tenta

Um dia erra.

UM CARINHO

Que necessidade a gente

Tem de gostar de alguém?

Dia vem em que a gente,

Se sentindo sozinho,

Sente falta de um carinho.

OBRIGADO

Muitos dizem:

obrigado, Senhor,

pela luz no meu caminho!

E fazem trevas nas rotas

do vizinho.

A POESIA

A tristeza que me invade,

Também me esvazia,

E tenho necessidade do

Sonho, da poesia.

A VIDA

A vida é muito estranha;

Às vezes, a gente ri,

Às vezes, a gente chora,

E mal chega,

Já está indo embora.

COISAS DO CORAÇÃO

Nas coisas do coração,

No mar da emoção,

Os amores vêm,

Os amores vão,

Mas nunca é em vão.

A CIGANA

A cigana se engana,

Se pensa que me engana.

O ESTÔMAGO

Ah! Meu Deus,

Que tristeza!

Estômago cheio,

Vazia a mesa!

COISA ESTRANHA

Coisa estranha

Foi comigo acontecer:

Eu gostar de você.

E hoje só posso dizer

Que gosto de gostar de você.

DEU SAUDADE

Deu saudade, sim.

Diacho de coisa ruim.

No outro dia,

Só porque eu não a via,

Queria-a de novo junto a mim.

O JOGO

Indaguei da vida:

O que é o amor?

Ela me respondeu:

Um jogo de azar,

Em que não há perder ou ganhar,

Só amar.

NÓS

Em nossas dores,

Nenhum de nós que caminhe sozinho.

No entanto, cada um de nós carregamos

Os próprios espinhos.

SANTA

Ah! Minha Nossa Senhora,

Por que a humanidade

Ora ri, ora chora?

AI DE NÓS

Ai de nós,

Homens,

Que desde Adão tememos a mulher,

Pois quando ela nos crava os olhos

É como se fora uma serpente

Que nos cravasse os dentes.

PRIMEIRA ILUSÃO

Como são belos os primeiros

Momentos de uma paixão.

O sonho, o afago,

O encontro de dois corações.

E como doem os espinhos da

Primeira ilusão.

HOJE

Sim, hoje entendo bem,

Não me convém fazer o mal a ninguém,

Pois o mal que dirijo aos outros,

Que doo à vida, a mim dirijo também.

AUXÍLIO DE VERSOS

Durante a vida,

A poesia sempre me coloriu os momentos.

Fossem eles vivos ou apagados.

A poesia sempre trouxe mais vida à minha vida.

Dela sempre recebi auxílio de versos.

EU

Nascendo uma esperança.

Há sempre uma esperança.

Sou homem?

Não sei,

Às vezes pareço criança.

TÃO ESTRANHO

Tão estranho é esse sonho,

Esse vagar febril,

Querendo-se sofregamente

Alguém que mal se conhece,

Com quem nunca se conversou

E somente poucas vezes viu.

DICOTOMIA

Vivemos numa dicotomia;

Tristeza ou alegria,

Pobreza ou riqueza;

Inferno ou paraíso.

Será que tudo isso é preciso?

AMADURECER

Quando assomou à porta

O peso da idade,

Sumiu do meu rosto aquele

Sorriso ingênuo de felicidade.

"NÃO JULGARÁS"

Tem tanta gente fazendo besteira,

Meu Deus, é tanta asneira,

Que temo julgar,

Findando por acreditar,

Eles não merecem a vida por inteira.

POBRES MORTAIS

Pobres mortais que somos.

Sonhos banais os que sonhamos.

Como sofremos, como nos enganamos.

O HOMEM

O homem é escravo de suas fraquezas,

A cama, a mesa, a saudade.

Ah! Homem,

Como te confundes entre fraquezas e necessidades.

EGOLATRIA

Mistério em que medito: a poesia.

E, em meditando, espanto-me.

O verso é tanto,

Que temo engrandecer-me

E, do Criador, que me emprestou rima

E mira-me lá de cima,

Esquecer-me.

SEREI POETA

Só sei ser poeta,

Nada mais,

Pois que cada momento da vida

E tudo que ela em si traz

Em mim a poesia desperta.

Por isso digo que só saberei ser poeta.

O CORAÇÃO

Ah! Coração.

O que tem nos feito é uma traição.

Quando ela pousou sua mão não minha mão,

Fê-lo disparar desde então.

TODO OLHAR

Todo olhar é um investimento.

E, quando as luzes que se escondem

Nos olhos de cada um cruzam-se no ar,

Indo um olhar em busca do outro,

É um acontecimento.

LOUCURA

Pelo que tenho visto da humanidade,

Bem como dela tenho ouvido,

Concluo essas criaturas não vemos

No amor outra coisa

Senão a loucura dos sentidos.

HERANÇA

Não nos enganemos,

Somos herdeiros de nós mesmos.

Trazemos em nós a herança daquilo

Que fizemos.

AO HOMEM

Homem,

Aceita esta verdade de

Mente serena,

Quão fugidia e pequena

É a felicidade terrena.

Quando muito

Dura uns dias, apenas.

PORTA DO CORAÇÃO

Eu entrei na sua vida

Como o cachorro que adentra à missa.

A porta do seu coração estava aberta,

E eu julguei que a hora era certa.

O COMEÇO

No começo,

No começo,

Está tudo meio assim...

E mal sabia que no começo

Estava o fim.

O AMOR É GRANDE

Se o amor, que é grande,

Cabe no breve espaço de beijar,

Talvez por isso,

Quando a vejo,

Nasce em mim o desejo

Do seu corpo, do seu beijo.

AGORA

Agora que você tem pão e paz,

Eu lhe indago,

Meu rapaz,

Nessa estrada por onde você vai:

O que você pretende?

O que você faz?

SOMOS FELIZES

Tão estranha a nossa felicidade,

E não nos causa estranheza,

Nem sequer a consideramos feia.

Fartamo-nos na nossa opulência,

Observando a carência alheia.

UM DIA

Um dia eu desejei você

Por motivos os quais desconheço

Dos quais você pode imaginar

O que quiser

Mas um dia eu também jurei

Nunca mais desejar nenhuma

Outra mulher.

NOSSA DICOTOMIA

A vida talvez fosse

Uma piada de mau gosto,

Pois ao sol que está posto,

Segue-se a noite,

E depois desta vem o dia,

E nós vamos vivendo a nossa dicotomia.

ALEGRIA?

Vou juntar minutos,

Minutos que farão horas,

Horas que farão dias.

E comemorarei, dançarei,

A minha, talvez, inútil alegria.

ESTOU ASSIM

Peço-lhe desculpas

Pelas minhas culpas,

Por me acompanhar ainda

De perto o erro,

E eu, sendo imperfeito,

Parece que não há outro jeito.

ALGUMA FELICIDADE

Não sendo eu

Sobre este chão,

Senão um espírito errado

Que erra,

Indago-me de mim para

Comigo,

Se merecerei alguma felicidade

Sobre esta terra.

MULHER

Mulher,

Quando vieres com tua graça e alegria,

Que eu esteja num bom dia,

Pois caso eu esteja num mau dia,

Não bastarão a tua graça e a tua alegria.

UMA BELA MULHER

Bastou surgiu uma bela mulher,

E é como fora algo inusitado que aconteceu.

Todos os olhares se viram para ela,

Inclusive o meu.

SEU OLHAR

Vivem em seu olhar:

A brisa, o céu azul, o mar.

Ele me traz à tranquilidade,

Falando-me duma doce realidade: amar.

ALGO

Algo por fazer eu deixei.

Morou um sonho em mim,

E eu o matei.

Vive presente a tristeza,

Lamento toda esta incerteza.

Não amei.

MISTÉRIO

O que se passou,

Eu não sei,

Mas mal te vi,

Bem te amei.

TÉCNICA

Não existirá técnica para esta criação.

Quem escreve põe a alma no papel.

E a vida é quem ensina a falar com o coração.

UM TEMA

Dê-me um tema

Que seja fácil de escrever.

Um tema que seja leve,

Bem suave, pode ser até... viver.

DEGREDO

Não vejo mais teus olhos.

Não sonho teus segredos.

Esqueci os meus medos

E, confesso, sofri, quando

Te condenei ao degredo.

AMADOR

O poeta observa a dor,

Mas não a ama.

O poeta não é amador.

AMAR

De tanto namorar,

Ele se apaixonou pelo mar.

E hoje se pergunta:

Por que há mar?

ESSES HOMENS

Muito me admiram esses

Homens cheios de pretenso saber,

Sempre iracundos,

Não querendo transformar-se

E querendo transformar o mundo.

SITUAÇÃO

Uma situação que

Me causa estupor

E que me deixa assim

Meio que sem jeito

Do porque se ouve

Tanto do amor

E se vê tão pouco do respeito.

SERÁ SAUDADE?

Tão grande a ausência
De ti que em mim trago,
Que sinto falta da tua
Presença e de teus afagos,
E me indago, se será saudade
De ti que em mim trago.

TEU ROSTO

Sinto saudade em rever-te o rosto.
E a imaginá-lo é como o sol posto
Em minha janela, a iluminar a minha
Vida tão cheia de desgosto,
Tornando-a alvinitente e bela.

DOIS HOMENS

Batia as mãos no peito
E aos brados bem cedo gritava a todos
O homem simples do povo,
Sem dinheiro, saber ou cultura:
- Eu sou feliz!
E olhava-o o homem sedento de respostas,
À procura do saber mais profundo:
- A felicidade não me quis.

CORAÇÕES SEPARADOS

Quantas almas seguem

Pela vida de mãos unidas

E corpos colados,

Mas de corações separados.

A HUMANIDADE

A humanidade é assim,

Pode ser boa ou ruim.

Pode fazer da vida uma tragédia

Ou um poema,

Mas uma coisa é certa:

Juntou mais de um tem problema.

DEIXEMOS

Deixemos as pessoas ser

Como elas são.

Porque cada um de nós há de,

um dia, sairmos da nossa ilusão.

QUESTIONAMENTOS

Questiono muito.

Questiono até o meu questionar.

E de tantos questionamentos,

Não sei onde vou parar.

CORRERIA

Toda esta movimentação,

Esta correria,

Ou se preferir agitação,

Será mesmo em busca de pão?

NORMAIS?

Todos temos problemas mentais.

Uns menos, outros mais.

SONHO SUBURBANO

Tive um sonho suburbano:

Uma casa simples, arrumada,

A família unida e um carro na garagem.

O orgulho veio e me disse: bobagem.

A HUMANIDADE

Eu me arreceio da humanidade,

Posto que a vida ensinou-me

Uma verdade e esta sobeja:

"A mão que afaga é mesma que apedreja".

SAUDADE

Procurei uma rima para saudade

E descobri que, na verdade,

Só uma palavra rima,

E ela é a ausência de você.
Descobri que a saudade sempre anda
Onde não anda você.

FERIDAS SECRETAS

Tenho lágrimas guardadas,
Escondidas, que nunca foram
Derramadas.
São as minhas secretas feridas.

PROCURA INÚTIL

Do amor
Que parecia um sonho de ventura,
Hoje percebo não era mais do que
Uma vã loucura,
Porquanto noto hoje com clareza,
Que toda a minha tristeza,
Não é senão fruto desta inútil procura.

MENOS FELIZ

O que me torna menos feliz
Não é tanto o que me falta,
Mas o que eu mais ansiava,
Muito procurava
E tão perdidamente quis.

ELA

Eu não a culpo por nada,
Pois foram os meus pés que
Escolheram pisar este chão,
Foram eles que rumaram por
Esta estrada.

NÓS E OS NÓS

Quem senão nós,
Haveremos de desatar nós
Que trazemos em nós.

ALEGAÇÃO

Não alego em minha defesa
Nenhuma dor, nenhuma tristeza,
Pois cessou em mim toda e qualquer ilusão.
E só desejo da vida uma coisa:
Paz para o meu coração.

FINAL DE SEMANA

Sabe o que é ruim?
O final de semana ter fim,
E, na segunda feira, estou assim...

MINHA DOR

Dor que padeço

É a dor que mereço.

Só peço a quem assim me vê,

A dor é minha e não merece apreço.

HOJE

Tristezas? Alegrias?

Elas sempre se alternam

Nos dias que hão de vir.

E hoje é a vida que

Nos convida: vem servir.

VIGILÂNCIA

Vigia os portões de teu coração

E da tua mente,

Porque a tua boca expressará

Aquilo que pensas,

O que sentes.

SER BOM?

Ser bom?

Seria tão bom,

Mas, ai de mim,

Não consigo

De, nalgumas vezes,

Deixar de ainda ser ruim.

FUGAZ

A alegria e a felicidade
Humanas me assustam,
Pois que são tão fugidias,
E, num dia, elas se vão,
E vêm o pranto, a tristeza,
E a solidão.

PSICOLOGIA

Será, Meu Deus,
Que tenho dentro de mim
Tantos eus,
Que eu já não sou eu,
E somos nós?
E que por isso ouço dentro
Mim tanta estranha voz.

EU

Não sou,
A bem da verdade,
Criatura que viva ou
Tenha vivido em santidade.
Erros por essas cidades,
Por essas vidas.

E sabe lá Deus em quantos
Peitos abri e deixei feridas.

ESTRANHA GRATIDÃO

Sou-lhe muito grato

Por essas roupas usadas,

Por esses gastos sapatos,

Por essas moedas

E por essas sobras do seu prato.

Por tudo isto,

Sou-lhe muito grato.

ELA ME QUIS?

As pessoas me falam em felicidade

E me querem sempre com

Um sorriso no rosto,

Como se eu devesse viver sempre feliz,

E elas não se indagam se a felicidade me quis.

HOJE

Hoje vejo claro

Em minha mente

Que quando o coração e o corpo

Sentem a falta de alguém ausente,

Quando dessa situação eles se ressentem,

Nem sempre é a ausência do amor

Que se faz presente.

ATÉ EU?

Em princípio,

Todos são honestos,

E, quem sabe,

Até mesmo eu presto.

SERÁ?

Eu não sei do que

Ando à procura.

Não sei se esta minha

Busca é por lucidez ou loucura.

MEUS SONHOS

Sonhos?

Ilusões que deixei

Pela estrada.

Sofri e fiz sofrer

Por nada.

A FUGA

Penso que se inventamos o amor.

Ele nada mais é que uma fuga

Deste mundo de sofrimento e dor.

NÓS

Nós nos queremos especiais, diferentes,

E não nos damos conta que todos

Somos iguais a toda a gente.

O REI

"Rei morto, rei posto"

"Viva o novo rei",

Mas, às vezes, este novo,

Quanto desgosto!

JUSTA MEDIDA

Não andes a lamentar:

"Ah! Se eu tivesse",

Pois deu-te a vida

A justa medida.

SUPERMERCADO

Minha vez, resignadamente,

Espero.

Eu me aguento,

Mas me indago

De quanta ciência

Essas senhoras têm

Para escolher um molho de coentro.

ELA

Ela surge de maneira

Pronunciada em roupas sutilmente

Provocantes e apertadas.

Quer-se desejada, cortejada,

E os olhos ávidos masculinos,

Num desejo fugaz pensam

Com sofreguidão: ser usada.

INDIGNAÇÃO

Não andes por aí

Tão indignado,

Para que de mal maior

Não pereças.

E lembres: João, o Batista,

De tanta indignação,

Perdeu a cabeça.

SEMPRE ASSIM

Entra ano, sai ano,

Nada muda.

E até nós vamos

Cultivando os mesmos

Enganos.

MINHA IGNORÂNCIA

Procuro respostas que

Julgo serem as mais profundas.

Indago, leio e assisto,

E descubro que, quanto mais sei,

Mais minha ignorância abunda.

HOMENS

A nós nos foram dadas

Todas as permissões

De invadir vidas, corpos e corações.

VOLTAR

À medida que vamos vivendo,

Que vamos envelhecendo,

Percebemos que o tempo está passando,

E a hora de voltar está chegando.

HOMEM E MENINO

Descobri, hoje, no homem

Que a tudo desejava

E com tanta ânsia,

Escondia-se o menino

Com fome dos afetos de infância.

LIBERDADE

Toda esta tristeza,

Esta melancolia,

É o choro silencioso

Do pássaro preso na gaiola,

Ansiando ser livre um dia.

CRIMINOSO

Eu, outrora criminoso,

Choro esta dor em mim,

Que parece não ter fim,

Não ter jeito,

E que, noutros tempos,

Fiz nascer noutros peitos.

SALÁRIO

Tudo me é tão necessário,

Que, por vezes,

Tenho a dor e o sofrimento

Como amargos salários.

A SOLIDÃO E EU

Eu me sinto só

E presa duma solidão tamanha.

Ela grudou em mim

Com tanta força, que,

Onde quer que eu vá,

Esta solidão me acompanha.

JOÃO E MARIA

João amava Maria

Que amava João.

E trocaram juras de amor eterno,

Mas no dia que faltou dinheiro,

Bateu na porta o desespero,

E a vida dos dois virou um inferno.

TROPEÇOS

Tu, que tão impiedosamente

Aos outros julgas,

Que talvez sejas um anjo estelar,

Que nunca erraste e nunca errarás,

Permita-me o direito de,

Na estrada da vida, tropeçar.

IMPRESSORA

Talvez, para minha felicidade,

E fim deste meu desespero,

Melhor seria se,

Em lugar do salário,

Eu possuísse uma impressora de dinheiro.

AINDA

Permanecem em mim

Muito erros,

Que julgo acontece ou acontecerá

O que já aconteceu.

E confesso, sem receio,

Ainda não sou uma criatura de Deus.

VERSOS DE UM MORIBUNDO

Morrer talvez

não deva ser

assim tão ruim.

Por que, afinal de contas,

haveria de um fato assim

acontecer só a mim?

A BELEZA

A beleza é vã, fugidia,

Pois que acaba um dia.

OS HOMENS, SEUS EGOS

Eles são cegos,

Todos eles,

Todos esses homens

E seus egos.

ENVELHECER

Envelhecer, por si só,

Não é nenhuma virtude,

Se não mudamos, para melhor,

Nenhuma de nossas atitudes.

TUA FELICIDADE

Guarda um pouco da tua felicidade,

E dela não faças alarde,

Porquanto, aos olhares invejosos,

Se a perderes, eles dirão:

"Era mais cedo ou mais tarde".

A POESIA

Só a poesia me descansa

Dessas muitas lutas.

Ela é uma mulher extraordinária.

Conversamos, falamo-nos,

E quando digo algo,

Ela me escuta.

A ARTE

Por isso que há

De haver a arte.

Ela nos repousa a alma,

O corpo, a mente e o coração.

Poupa-nos de tanta dor e aflição.

Até nos evita o enfarte.

SONHOS

Nos desvãos dos meus sonhos,

Surgem-me à mente desejos,

Alguns dos quais, eu de mim mesmo,

Muito envergonho.

NOSSO AMOR

É estranho,

Senão muito estranho,

A facilidade com que nós humanos

Dizemos: eu te amo.

Quando também dizemos:

Eu te engano.

SALVAÇÃO

Tanta gente me promete a salvação,

Por meio de um mero ato de volição.

Mas quem, afinal de contas, há de

Me salvar do que trago em meu coração?

OS ÓCULOS

Eu sem você

Não sou nada,

Sou uma criatura infeliz,

Nem mesmo enxergo

Um palmo à frente do nariz.

TEMOR

Como temo

O demo

Que todos nós temos.

INFELICIDADE

Não sou,

Mas por vezes,

Estou profundamente infeliz

Por algo que me falta,

E que eu tanto quis.

MINHA INVEJA

Tenho inveja dessa gente

Sempre tão bem humorada,

Sempre tão de bem com a vida,

Como se nos seus caminhos nunca

Houvesse qualquer espécie de dor,

E em seus peitos não houvesse

Qualquer ferida.

IGUAIS

Porque haveria

O que é de bom ou ruim

Só acontecer aos outros

E não também a mim.

CIDADÃO

O crime também acorda cedo.

E já de manhã

O cidadão anda desconfiado e

Com medo.

GENTE INDIGNADA

Muito desconfio dessa

Gente muito indignada

Que não move uma palha

Em favor de ninguém,

E por alguém, seja quem for,

Nunca faz nada.

FELICIDADE

Que felicidade estranha,

Esta que sonhamos,

Não a temos

E julgamos a merecemos.

OBSESSÃO NASCENTE

Ideia deprimente,

De caráter insistente,

Obsessão nascente.

A VÍTIMA

Na verdade, na verdade,

Eu me roubei o direito à felicidade.

HOJE

As pessoas não mais nos cumprimentamos

E não nos desejamos boa tarde,

boa noite ou bom dia.

É como se cada um,

Somente cada um

De nós merecêssemos a alegria.

BOM DIA

Prendeu-se-me na garganta o cumprimento

Que seria fruto natural

de suave e branda alegria,

e eu guardei o meu bom dia.

MARTÍRIO

Traído e desprezado,

Em teu martírio silencioso,

Jamais queiras igualar-te a Jesus.

Lembra-te de que nunca poderás

Imaginar o peso de sua cruz.

TRANSIÇÃO

Não sendo ainda

de todo nem bom nem ruim.

Indago aos Céus:

o que será de mim?

GERMES

Eis uma verdade:

todos nós temos

o germe da loucura

e da sanidade.

APARÊNCIA

A aparência é uma ilusão,

Porque, o mais das vezes,

Vemos num trabalhador um ladrão.

SE A VIDA

Se a vida

Não é tão ruim,

Por que ela maltrata a mim?

BELA FORMA

Como olhar

Sem desejar

A bela forma

Que rente de nós passar?

CAMINHO

Sinto que não posso

Prometer nada,

Depois que cai no caminho,

Eu me perdi na estrada.

A VIDA

A vida é tão breve,

fugaz, fugidia.

Vivem-se anos e,

ao final, parece que foi

só um dia.

MINHA IGNORÂNCIA

Constrange-me a minha ignorância.

E percebo quão longe

estou da sabedoria

que sonho um dia.

Quão longa é a distância!

ANSIEDADE

Angustia-me o amanhã

E tudo que me toca à vida.

Indago-me: quando? quando?

E não percebo o tempo

que vai passando.

DESCRENÇA

Por vezes, sou tomado

De uma profunda descrença.

E creio esse estado assalta,

Por vezes, todo ser que muito,

Mas nem sempre bem pensa.

EXPERIÊNCIA

Quando, diante do meu presente,

olho o meu passado,

lamento-me pelo que só hoje sei.

E temo pelo futuro, pelo que aprenderei.

QUEM?

Quem nos distinguiu

Com o título de humanos,

Logo nós que ainda tão

Pouco nos amamos.

ERA TARDE

Quando o teu sorriso

Veio ao meu caminho,

Em busca da minha alegria,

Era tarde, pois a noite já havia

Coberto o meu dia.

EU E ELES

Como é me difícil

Aproximar-me, aceitar

O que julgo ruim.

E não me dou conta

Que, com o meu olhar,

Vejo no outro um pedaço de mim.

A PRISÃO

Neste jogo do amor

parece que ser o humano

outra coisa não faz,

senão viver de ilusão em ilusão,

porquanto muitas vezes

sentindo-se livre,

eis que ele procura outra prisão.

DISPARA

A razão diz: para,

Mas o coração dispara.

Sua presença que é tão rara,

É-me tão cara,

Por isso, talvez, o meu coração

Não bate, dispara.

VIGILÂNCIA

Desde quando cheguei a este mundo,

Percebo que não me deram trégua um segundo

E sinto que sempre me olham dois

Pares de olhos, deste ou doutro mundo.

"QUE BUSCAIS?"

Busco sempre mais entender,

E, ainda que sofra,

Tentar não fazer sofrer.

MARIA E JESUS

Em toda mãe,

Pôs Deus sua luz,

Ainda que não sejam Marias

E seus meninos não sejam Jesus.

CRENÇA-MITO

Do outro lado da rua,

Com certeza,

Vive uma pessoa feliz.

Ela tem uma casa grande

Com piscina, carro e uma família.

Tudo o que eu sempre quis.

MÁGOAS

Por que andamos tristes

Pela vida, transformando

Os nãos que nos deram em feridas?

DORES DA ALMA

Por fora, guardo

A aparência tranquila e calma,

E ninguém me advinha

O que trago por dentro:

As dores da alma.

DORES

Este mundo é um
Estranho teatro,
Onde desfilam muitas vidas,
Dores visíveis, dores escondidas.

TESTE

A vida deu-nos
Por teste o desejo:
O abraço, o beijo e
A carícia.
E nós inventamos
A malícia.

O BOM E O MAU

O sonho de,
Um dia, ser bom encanta-me,
Mas eu me encontro ainda assim...
E não deixo de ser,
Nalgumas vezes,
Uma criatura ruim.

SOMBRA

Sonho, um dia,
Estar à grande altura,
Mas tenho por companheiros

O vício e o erro que me espreitam

E vivem à minha procura.

SEREI

Eu nunca fui alguém importante,

Que tenha merecido, durante a vida,

O tratamento de Excelência,

Na verdade, nunca tive, integralmente,

Qualquer traço de decência.

VIDA/MORTE

Se a vida é boa,

Nunca ingrata.

Por que será que a sua

Irmã, a morte, vem e mata?

O CULPADO

Ninguém mais do que eu

Sou o culpado por tudo que

Me aconteceu.

IRONIA CRUEL

A vida sempre foi

Para mim uma cruel ironia.

Eu quase sempre chorava,

Quase nunca sorria.

OUTRO LADO

Não existe, nesse outro lado,

O descanso merecido,

Pois lá viverei

Como aqui tenho vivido.

ESCRAVIDÃO

Hoje serias para mim a tristeza,

Pois guardo tão somente a certeza

Que um par de olhos e um coração,

Quando procuram outros,

Buscam a escravidão.

ATESTADO

Assumo a minha ignorância

E atesto, para todos os fins,

Que ela ainda vai em mim.

NINGUÉM

Ninguém virá dar sentido

Aos meus dias,

Que sempre serão permeados, alternados,

Entre tristezas e alegrias.

SERIEDADE

Porque rio pouco,

Não me acreditem

Uma pessoa séria.

Carrego comigo deficiências

E, como qualquer outro ser,

Também tenho as minhas misérias.

O IGNORANTE

Deixa o ignorante,

Ele se basta a si mesmo,

Ele já tem o bastante.

GENTE

Gente que parte

Já de madrugada,

Enlatada, espremida,

Entre empurrões e solavancos,

Sonhando outra sina,

Outra vida.

VOZ DO ERRO

O erro é tão forte em nós,

Que mais parece,

Só lhe ouvimos a voz.

PERDULÁRIO

À humanidade nada basta,

Pois quanto mais tem,

Mais gasta.

AUTO-ESCRAVIDÃO

Turva-se a mente do pobre homem,

Ante o desejo infrene que o consome,

A fome, a fome de tudo usufruir e gozar

E, tendo a matéria por altar,

Queda-se escravo que quer sempre mais

e mais se escravizar.

POBRE ALMA

A pobre alma que erra sozinha

De cidade em cidade,

Sonha com uma, quiçá, distante felicidade.

Pobre ser que vaga pelas estradas sozinho,

De tudo colhe, senão migalhas,

Até mesmo dos carinhos.

PESSIMISMO OU CETICISMO?

Eu vivo de tal

maneira,

Que quanto mais vivo,

Menos espero da humanidade inteira.

TODOS

Todo ser humano é importante,

Do mais sábio,

Ao mais ignorante.

ANIMALIDADE

Entristece-me esta

Minha animalidade.

E indago do Criador:

Por que criou

E deu-me estas necessidades?

A TRAMA

Quem puxa os fios desta trama?

Quem será que me engana e se engana?

DESALENTADA

Dizia uma alma em desalento:

Hoje sonhar não quero, nem tento,

Posto que o que persegui

Não passou de ilusão,

E em cada vida que entrei,

Deixei para trás um sofrido coração.

NÓS, HOMENS

O homem parece somos feitos

Da mesma matéria,

Pois que vivemos as mesmas misérias.

Ainda quando sonhemos e alcancemos

Ou não, na vida, alguma glória,

Muitos de nós escrevemos a mesma história.

ELE TRABALHA

No chão duro

E inculto de nossas almas,

Jesus trabalha há milênios,

Com paciência e calma.

INSPIRADA EM MÁRIO QUINTANA

Não temo a morte,

No entanto, não sou um destemido.

Só receio, ao morrer,

Para o meu entristecer,

No fim perceber,

Não haver vivido.

TUDO PASSA

A dor e a alegria,

Nesta terra,

São passageiras.

Nenhuma delas

Que dure uma vida inteira.

O TRABALHO

O trabalho, às vezes,

É uma prisão,

A que nos submetemos

Por um teto e um pouco de pão.

PROBLEMAS

Problemas sempre

Hão de haver.

Sempre que houver

Mais de um ser.

NÓS

Sim, somos pequenos.

Só Deus é mais.

Nós somos mais ou menos.

DESEJOS

Tenho desejos,

Alguns por coisas simples,

Outros por coisas inconfessáveis,

Coisas mesmo feias.

Tenho desejo de comer

Mingau de aveia.

O PECADO

Eu vinha calmo,

Sossegado pelo meu caminho.

Depois que me contaram

O que é pecado,

Noto que, de lá pra cá,

Não tenho sossegado.

NOSSA FELICIDADE

Somos felizes,

Por não usarmos

O transporte coletivo.

E porque temos mais umas

Poucas coisas que os outros,

Julgamo-nos mais vivos.

CANSAÇO

Cansam-me:

A minha humanidade,

As minhas necessidades,

A minha mediocridade,

Querer viver à saciedade.

PROCURA

Vivo procurando,

Até hoje, o melhor nas criaturas,

Vivo procurando, não porque

Minha alma é pura,

Mas sim porque ela também é escura.

ATENUADA

Sabe quando doeu menos a dor?

Quanto bateu num peito de homem

E não duma criança.

Quando esse peito não tinha mais

Este sonho, esta esperança.

CONTRADIÇÃO

Não cremos, de todo,

No que sabemos,

Basta olhar o que fazemos.

ACUSAÇÃO

Não preciso de uma voz

Ou um dedo que me incriminem.

Trago em mim as marcas

Dos meus erros,

E elas me oprimem.

Eu sou a prova dos meus crimes.

TENTAÇÃO

Grita-me aos ouvidos

Uma voz potente: tentação.

Ouço-a no presente, no passado

Próximo e distante.

E queda-se, num lamento,

Acabrunhado e triste o meu coração:

Quanta imperfeição!

O MAL E EU

Por que haveria eu

De desejar mal a alguém?

Logo eu que não sou

De todo bom também.

Porque a vida é assim,

Muitas vezes o mal que vejo

No outro, é o que ainda trago em mim.

SOCRATIANA

Quanto mais eu estudo,

Quanto mais eu aprendo,

Mais me descubro ignorante,

Porque o que quero saber

Segue mais adiante.

ORGULHO E HUMILDADE

Tento, por vezes,

Perante minha própria consciência,

Mostrar-me humilde,

Mas noto, com tristeza,

Em mim a presença do orgulho da humildade.

Eis a verdade.

LINDA

Você se quer sempre bela, linda,

Mas a bcleza um dia passa,

Um dia ela finda.

CASAL SEM VERGONHA

Homi, seu menino

Seu doutor.

Nunca vi casal

Mais sem vergonha,

Que político e eleitor.

INSIGNIFICANTE

Eu não tenho voz.

Eu não tenho voto.

Ninguém me nota.

E não sei porque

Eu ainda me noto.

PAISAGEM

Sim,

Faço cara de paisagem.

Evito falar,

Pois pode sair bobagem.

GERTRUDES

A pobre de Gertrudes

Olhou para mim

E procurou uma virtude,

Como não viu nenhuma,

Por inteiro.

Ela mudou de atitude.

COMÉDIA TRISTE

Triste atores da

Triste comédia do poder

Compramos, vendemo-nos, alugamo-nos,

E, no fim, trocamos o ser pelo ter.

O CONHECIMENTO

Busco, sim, o conhecimento,

Sonhando, quem sabe,

Alcançar a sabedoria,

Para algo saber um dia.

EU

Muita gente passou

pela vida e foi embora.

E de mim, desconheço o dia,

Não sei a hora.

O SUSPEITO

Ele era negro,

Portanto era um suspeito.

Além de tudo, era pobre,

Não tinha outro jeito.

SOBRE O AUTOR

O autor possui outros livros de poesias publicados: Assuntos de Versos, Outros Versos, Mais Versos, Novos Versos, Toda Poesia, e agora este, Curto Versos Curtos.